よく　みてね

指導の展開

この単元は、算数の勉強の入り口である。絵を見ながら、または実際の風景を見ながらおもいおもいにいっしょに話をする。あまり質問ぜめにしない。子どもたちがどんな点に関心を持っているのか、どれだけ集中して物を見るかに注意する。時々この単元に戻って子どもたちの成長を確認する。

①「何がいるかな。うさぎはどこにいるかな」などと話しかけながら指さしで答えさせる。

②「先生はどれかな」と聞いて、くまを指さしさせる。

④「勉強しているのはだれかな」と聞いて、言える子どもには「うさぎ」「へび」などと思いつくままに発表させる。「手をあげているのはなにかな」「頭の上に乗って勉強しているのもいるね」「これからさんすうの勉強をするんだよ、どんな勉強かな。楽しみだね」などと、楽しく、さらりと扱う。

おおきいなぁ！

ちいさいね！

指導の展開

「大きい、小さい」は、広範囲の量をあらわすことばである。また、「うわあー、おおきいなあ！」ときりんや象を見てびっくりしたり、ちいさい赤ちゃんが可愛いというように、ある種の感動をともなって発せられる言葉でもある。

①「何がいるかな」と興味をもたせて絵を見せる。「ゴリラ」などと言っても「そうかな。じゃ、これは？」とそれぞれの絵についてき自由に答えさせる。

②「こっち、大きいな」「これ、大きいね」と大きいほうを指さして「大きい」という言葉を耳に入れ，そのあとで「こっちは小さい」「小さくて可愛いねえ」などと話かける。

③発語できる子どもには、大きいものや小さいものを言わせると、何に関心を持っているかがわかる。

ながいなぁ！

みじかいね！

たなばた

指導の展開

①「これ、つくろうね」と、話しかけて、紙のくさりを作る。長くつないで「長いねえ。わあ、長いなあ」などと話す。

②短いものを作って「短いね」と言ってひらひらさせる。

③わっかよりも線的な、たんざくを作る。より細くして最終的には「ひも」にする。

④絵を見せて「このわっか、長いね」と話して「こっちは短いね」と言う。

⑤「○○ちゃんのかみの毛おおきい」という子どもには「そうだね。だけど、そういうときは長いというんだよ」というふうに優しく訂正する。

⑥「長いもの何かな？」「短いもの何かな？」「ゾウの鼻は長い」「キリンの首も長い」「ブタのしっぽは短い」などと語りかける。

たかいなぁ

ひくいね

指導の展開

①「先生は背が高い」といいながらジェスチャーたっぷりに手を上下に往復させる。

②子どもどうしで前に立たせて「だれが、背が高い？」ときいて「○○ちゃんが高いね」というようにして「高い」という言葉を耳に入れる。

③「本を見よう。砂場では何を作ってるのかな？お山だねえ」と話ながら「高い山を作ってるのは男の子かな、女の子かな？」などときいて「女の子の作っている山が高い」ということを理解させる。

④実際に高いところに登ったり、建物の下から上を仰ぎ見て「高い」ことの意味を実感させる。

⑤「高い・低い」という単語が発音できる子どもには、はっきりと答えさせるようにする。

おもいよ

かるい　かるい

指導の展開

①まず先に、教室にある重い本と軽い本、重い箱と軽い箱などを持たせて「こっちは重いね、こっちは軽いね」と話しかけて「重い・軽い」という単語を体を使って理解させる。

②「さあ、絵を見てみよう」と話しかけて「いっぱい入っているリュックは重いね、ぺっしゃんこのリュックは重いかな？」「こっちは軽いというんだよ」「○○ちゃん、重いもの持ってきて」「○○ちゃんは軽いもの持ってきて」などと、楽しい授業を展開する。

「重さ」は、大きい、長い、高いなどと違って、見ただけではわからない。持って初めてわかる量である。ただやっかいなことに、すごく重いものを持ったあとで別のものを持った場合、重さの判断ができにくい。また大きくても軽く、小さくても重いものがある。

はやいね

おそいよ

指導の展開

①運動場でかけっこをする。「速い、速い」と言いながら速く走り、こんどはゆっくり歩きながら「遅いなあ」と言う。

②絵を見せて「速い物を見つけてみよう」「新幹線、飛行機、……」言葉のない子どもには指さしをさせる。「かけっこしているね。速い子はどこ？　遅い子はどこ？」「空をみてごらん。飛行船は速いかな？」「うさぎとかめは何をしてるのかな？」「競争してるよ。勝ったのは誰かな？」「道路にはオートバイと、うば車があるね。うば車に乗ったことあるかな？」などと話しかける。

「速さ」は、毎時○○キロというように複雑な量であるが、乗り物や運動会のように背景に「動き」があるので、子どもたちには興味深い量ではないだろうか。

あつい！

おお　さむい！

指導の展開

①暑くなると薄着をし、寒くなるとオーバーを着る。暑いと汗をかき、寒いと震えることを、みんなで話し合い、「あつい」「さむい」ということばをわからせる。

②本の絵を見せながら「手に持ってるのは何かな。うちわだよ。暑いね」と話す。「うちわを使うと、すずしくなるんだよ」と言って聞かせる。「冬は寒いね。寒いとどうするかな？」。このように生活のなかでの言語の指導とあわせて、教材を扱うようにすると効果的である。

③「あつい」には「暑い」の他に「厚い、熱い」などのことばがあるので、実物を使って具体的に指導する（厚い本、熱いやかんなど）。

「温度」という量も複雑ではあるが、生きていくうえで重要な量である。

13ページまでに登場したことばのほかにも、次のようなことばについて、具体的な体験を通して実感させるような授業を展開したい。

おおい――すくない
ひろい――せまい
つよい――よわい
くらい――あかるい
あつい――つめたい
あつい――うすい
あさい――ふかい
ふとい――ほそい
とおい――ちかい

指導の展開

子どもたちは、どのようにして数を認識していくのだろうか。数の概念がはっきりする以前には、子どもたちは五感によって量を直感的にとらえている。量を表す最初の言葉として「大きい、小さい」がある。これは、ある種の感動とともに生活のなかで使いだす。しかも「このひもおおきい」などと必要以上に拡大させて用いている。このような未測量（長さ、重さなどの量が、何メートル・何キログラムというように数値化される以前の量）の感性的な段階でたちどまっている子どもたちに、量をより正確に数を用いて表していくことができるようにするにはきめ細い指導体系をつくっていくことが重要なポイントになる。

算数を学びながら言葉を豊かにしていくこと、また言葉を豊かにすることによって算数がわかってくること。

「長い・短い、高い・低い、速い・遅い、暑い・寒い」という「量の萌芽」ともいえる形容詞を例にして話しあってきたが、正確な概念形成をさらにきちんとやらないと不充分である。それには、子どもたちが興味をもつ教具や体を動かしつつ楽しむゲームなどを積極的にとりいれていきながら、一方的に教えこむことのないように気をつけなければいけない。

たとえばつぎのようなことをするのも子どもは喜ぶ。

＊四角な小さな板をたてて並べ、はじをちょっとおして倒す「将棋だおし」をする遊び。これは長ければ長いほど楽しめるのでこの楽しさを知ると「長く。長く」と言いながら熱心に板を立てて並べる。

＊粘土を机のうえにおいて、てのひらで長く伸ばして「へびだぞー」と言いながら遊ぶ。細くすればするほど長くなるので「だれのへびが長いかな」と言いながら長くする。

このように楽しいことをたっぷりともりこんでいきいきとした授業にしたい。

くらべて　みよう

指導の展開

「大きい・小さい」「長い・短い」などこれまでの学習では、それぞれ1つひとつの単語として、体験と実感によって理解するように指導してきた。しかし、1つひとつの単語としての指導ではあっても、これらの単語は比較上の言葉であり、「○○が××よりも大きい」という認識のうえに立っていることばである。

「くらべてみよう」というここからの学習は上述の指導原理を一歩すすめるものである。それは「大きいなあ！」という感動をふくんだ理解のしかたにとどまらず、冷静な知性による判断のあとに表現されるものとなる。

子どもによっては、象だけが大きいと考えていることがあるので、相対的な関係として理解させるようにする。「○○は××より」という助詞の意識を育てるようにする。

どっちが　ほしいかな？

指導の展開

①P16の絵を見せて「何をしているのだろう」とききき、子どもたちにいろいろなことを言わせる。「すいかは、大きいのと小さいのと、どっちがいい？」ときいて、絵の子どもは大きいのをほしがっていることに気づかせる。ここで「小さいすいかより大きいすいかがほしい」または「大きいすいかより小さいすいかがほしい」ということをはっきりさせ、この文の内容が理解できるようにする。

②「小さいふうせんより、大きいふうせんがほしい」という文型の理解は、文のはじめの部分を教師が言ってやって、後半を子どもが言えるようにしていく。文型の理解と表現は「○○は××より何々だ」という論理の習得になり、比較して判断する思考力を伸ばしていくものである。

③P17も同じ考え方・方法によって指導する。すぐにも「どっちが大きいかな？」と質問したいところだが、我慢して、「どっちがほしいかな？」ときく。算数は多くの質問からなりたつが、子どもは不思議なことにストレートな質問は無視することが多い。それでは授業にならないので、子どもが答えやすい質問から始めたほうがよい。

どっちが　のみたい？

指導の展開

　ここでは「液量」を比べる。まず直接比べられるものから入る。

①P18の絵だけを見せて「この２人は何をしているのだろうね」ときく。子どもたちは「じゃんけんしている」などと答えるが，それはなぜかということはよく理解できない。そこで子どもたちといっしょに想像することにする。

②「２人とも多いほうをとりたいみたいだ」「どっちが多いかな」という話し合いから，「じゃんけんで勝ったらどっちをとるのだろう」というふうに発問し，左のほうをとることを

理解させる（べつに少ないほうをとってもかまわない）。しかし P19は見ただけ（水面の高さ）では比べられない。

③P19 の絵を見せて、「この２人もじゃんけんしているね。勝ったらどっちをとるのかな」ときく。ある子どもは「左が多いから左がほしい」という意思表示をするだろう。そこで、「ほんとうかな」と考えさせ、同じ器に移し変えて比べてみる。実際にコップにジュースなどを入れてやったほうが子どもたちは喜ぶ。

なお「じゃんけん」については P62参照。

うまく　のせられるかな？

あーあ　たおれちゃった

指導の展開

①1辺の長さが2センチから10センチまでの立方体を作る。紙の箱でもいいが、少し重量感があったほうがいい。これを大小の順序に正しく積み重ねて安定した塔を作らせる。「だんだん大きくなる」または「だんだん小さくなる」という大小の順序があることを気づかせる。まちがえれば不安定になる（倒れることもある）ので子どもは誤りに気づく。

②絵を見せて「何をしているのかな？」「積み木を積んでいるね。うまく積んでいるのはどっちかな。へたなのはどっちかな」ときく。

③「この子はどうしてうまくやれたのかな」「この子は倒れちゃったね。どうして倒れたのかな？」ときく。しかしまだ「それは……だからだ」という答え方はできない。「まずいちばん大きいのを下において、残りのなかからまたいちばん大きいのを選ぶ。そうしたからうまくできるんだね」「下が小さくて、上に大きいのをのっけたらどうだろう」などと話かけてみる。子どもたちには「だめ！」とか「ばつ」とか「倒れちゃう」という程度の答え方を期待したい。

はこを　かたづけてね

かさねばこを　つくろう

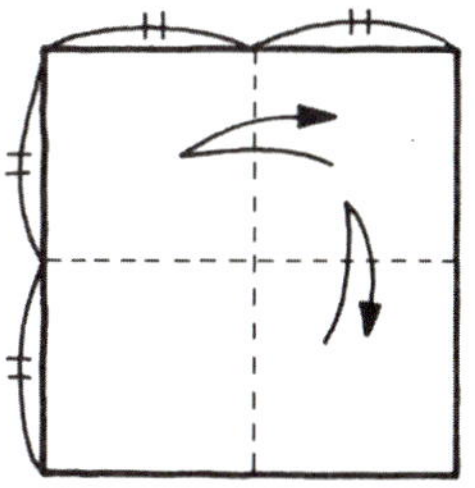

①いろを下にして
おります。

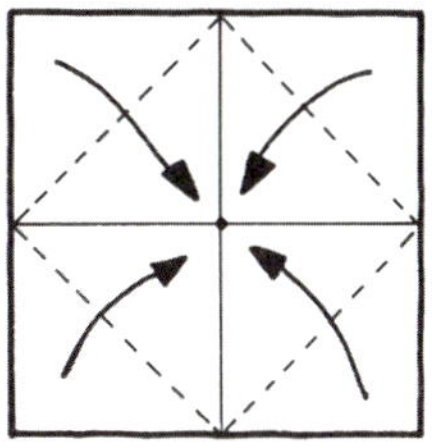

②四すみを中心に
むけて折りたた
みます。

③よういした折紙を
ぜんぶ③までおり
そろえてクリップ
でとめます。

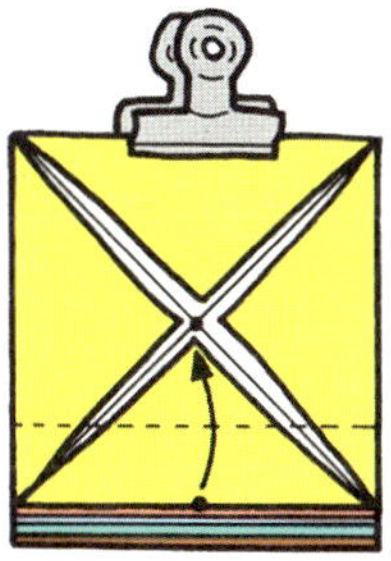

④まず、上の１ま
いをおります。

⑤つぎからはすこし
ずらしております。

⑥ぜんぶおったら
折目をよくおこ
してクリップを
下につけます。

⑦上も下と同じように
きっちりおります。

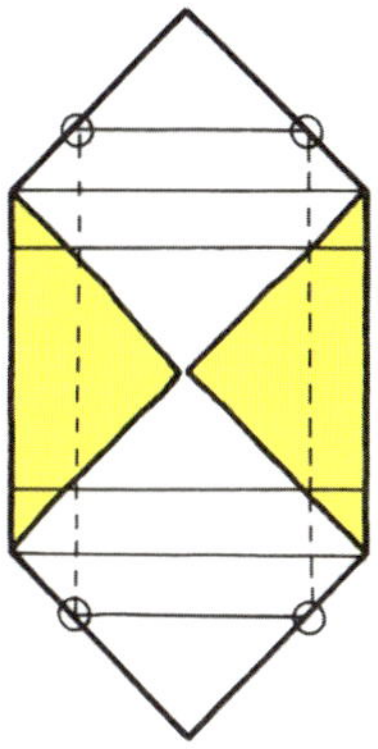

⑧ひとつずつ上の形
までひろげてから
点線のところにお
りぐせをつけます。

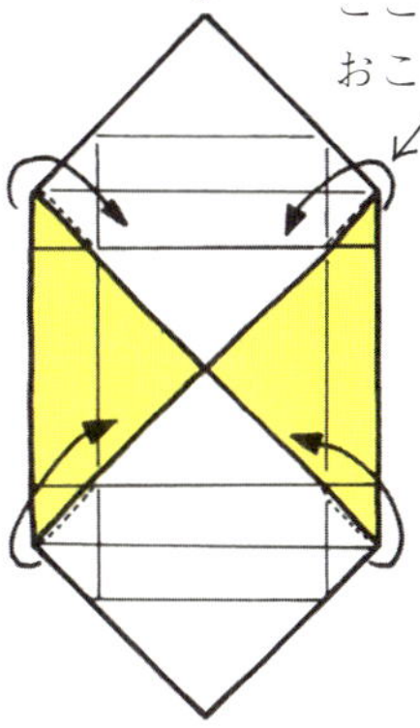

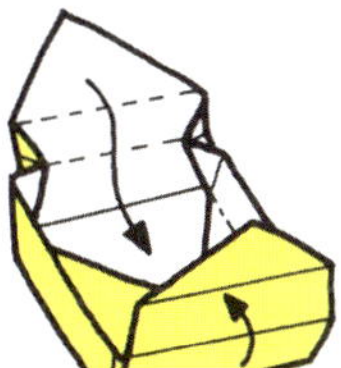

⑨かどをつまんで折目
のとうりにおこし
はこにします。

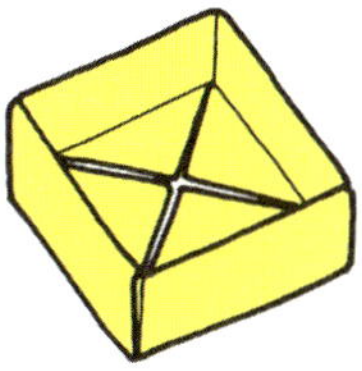

できあがり

指導の展開

①「こんな紙の箱をいっぱい作ろう」と話しかけて実際に作る。子どもたちはすぐにはできないから、1人ひとり、手を取ってゆっくりと折らせる。紙は適当なものをあらかじめ用意しておく（P 23 では同じ大きさの紙で作る方法を示したが、子どもにはむずかしいので、大きさをかえた紙を用意してもいい）。折って作れる子どもにはたくさん作らせる。

②「何をしているのかな」「大きい紙の箱や小さい紙の箱をたくさん作って、順々に入れているみたいだね」ということを理解させる。たくさんあった箱が1つになり、また出すとたくさんの箱になる。大小の順序を目で見ながら実際に動かして、大小の系列化を判断できる力を、楽しい遊びのなかで身につける（作れない子には先生が用意しておく）。

どっちが　ながい？

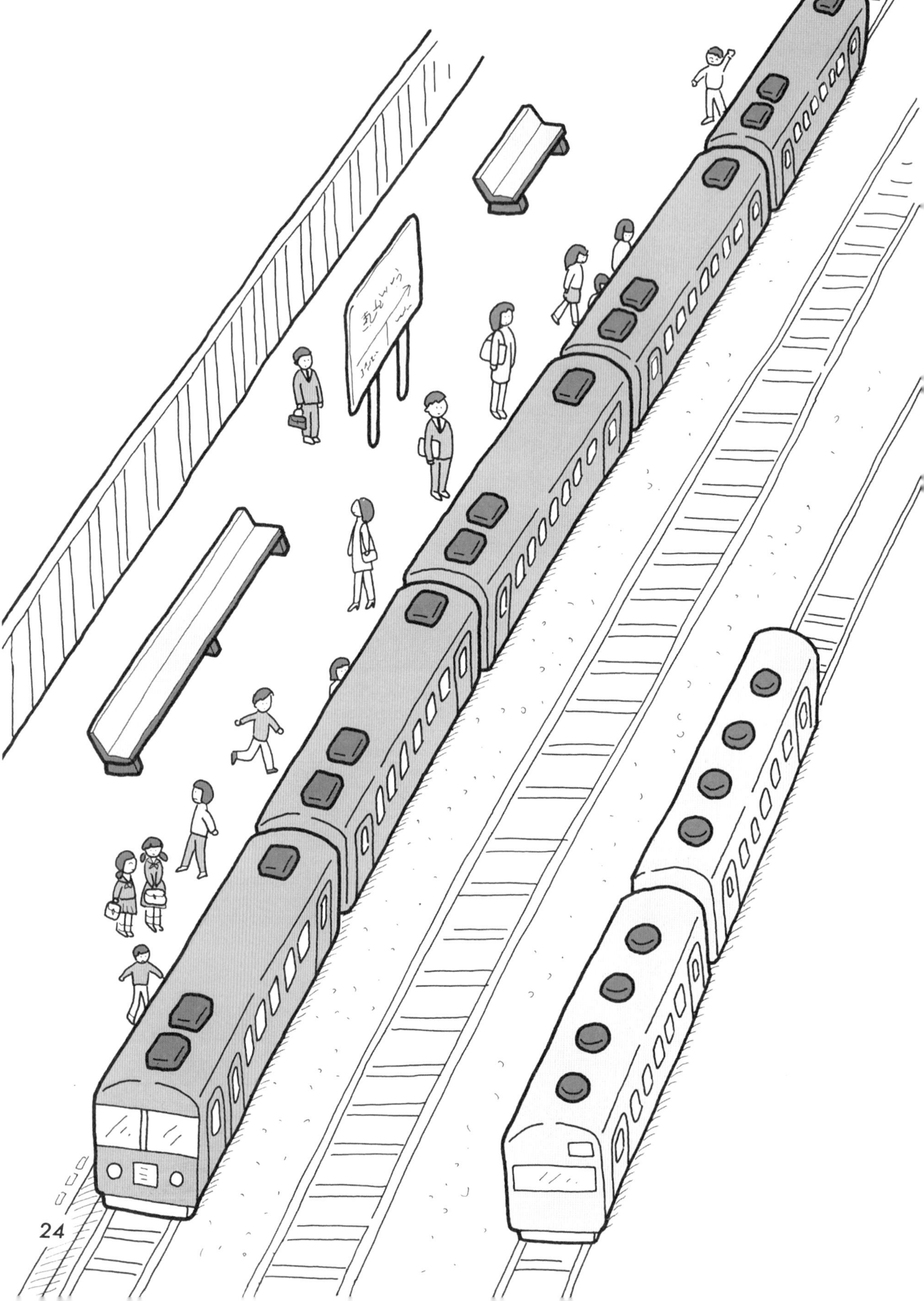

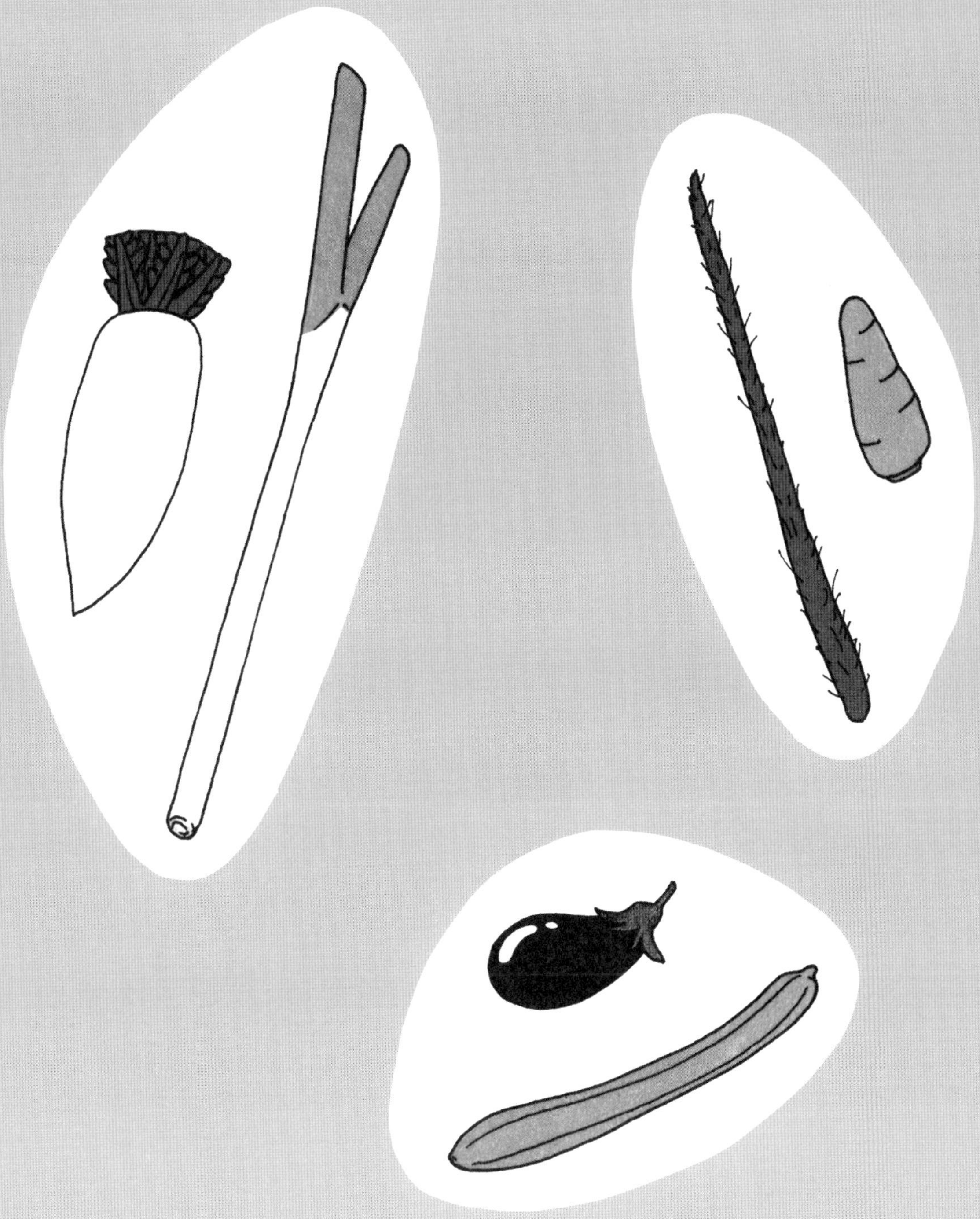

指導の展開

①「この絵はどこかな」ときいて駅のホームであることを理解させる。

②「電車やベンチがあるね」

③「どんな電車がある？」ときいて「ながいのも、みじかいのもある」と気づかせ、ベンチにも長短2種類があることに気づかせる。

④「どっちが長いの→こっちが長い」「どっちが短いの→こっちが短い」という答え方をさせる。指さしでもよい。

⑤P25では、大根のほうがねぎより太くて大きくみえるので、それを長いとかん違いする子もいる。太さには関係なく短いことを理解させる。「ねぎは大根より長い」「大根はねぎより短い」「なすはきゅうりより短い」「きゅうりは……」「にんじんは……」という表現ができるようにする。

どっちが　たかいかな

だれが　ひくいかな

指導の展開

①Ｐ6とＰ7の「たかいなぁ」「ひくいね」というところで、一応「高い」「低い」ということばの意識が生まれているが、ここでは2つを比べて「○○は××より低い」という明確な意識と表現を身につけさせたい。ある1つの教材で指導を達成するのでなく、認識を横に豊かに広げていくことが大切である。

②Ｐ26では「これは何かな」ということからはじめる。またＰ27では「これは何をしているのだろう」と考えさせながら「高い・低い」をはっきりさせて、「○○が××より高い」「××が○○より低い」という「背比べをしている」意識とその表現力を身につけさせる。そして「○○は××より」という関係を説明する表現にもなれさせるようにしていきたい。

ごちゃ　ごちゃ　してたら
わからない

きちんと　ならぶと よく　わかる

指導の展開

①P28 の絵について「何をしているのだろう」と問いかけて自由に話し合う。話がふくらむように子どもには名まえをつける。この話し合いのなかで「姉さん・弟・妹」また「大きい」「小さい」といった単語を使用したい。

②「大きい順に言ってみよう」「なにが大きいのかな？」「背」「背が大きい」「そういうときは、背が高いというんだよ」「だれが背が高いかな？」「お父さんとお母さんはどっちが高いかな？」「せの高い順に言ってみよう」などと話しかけてP28 の絵で考えさせ、「このままでわかるかな」と話し合う。

③この話し合いのなかで、「並べばわかる」ことに気づかせ、さらに実際に並んで背を比べさせてみる。並ぶと「だんだん大きくなる」「だんだん小さくなる」がよくわかる。

くらべるときは　はじを　そろえて

指導の展開

①２個のぐるぐる丸めたひもを見せて、「どっちが長いだろう」ときく。子どもたちの答えはいろいろ出るかもしれないが、「わからない」という答えを大切にする。「そうだね。これではわからないね。どうしたらわかるだろう」と考えさせる。そして「長くのばす」「はじをそろえる」という考え方を引き出す。

②本の絵を見せる。この絵について話し合いながら「長い・短い」を比べるうえで大切なことを理解できるようにする。

③そして「○○のひもが××のひもよりも長い」と言えるようにし、また「××のひもは○○のひもより短い」というような表現もできるようにする。もちろん、1人できちんと言える子どもは少ないので、いっしょに言って文の型を思考の型としていく。

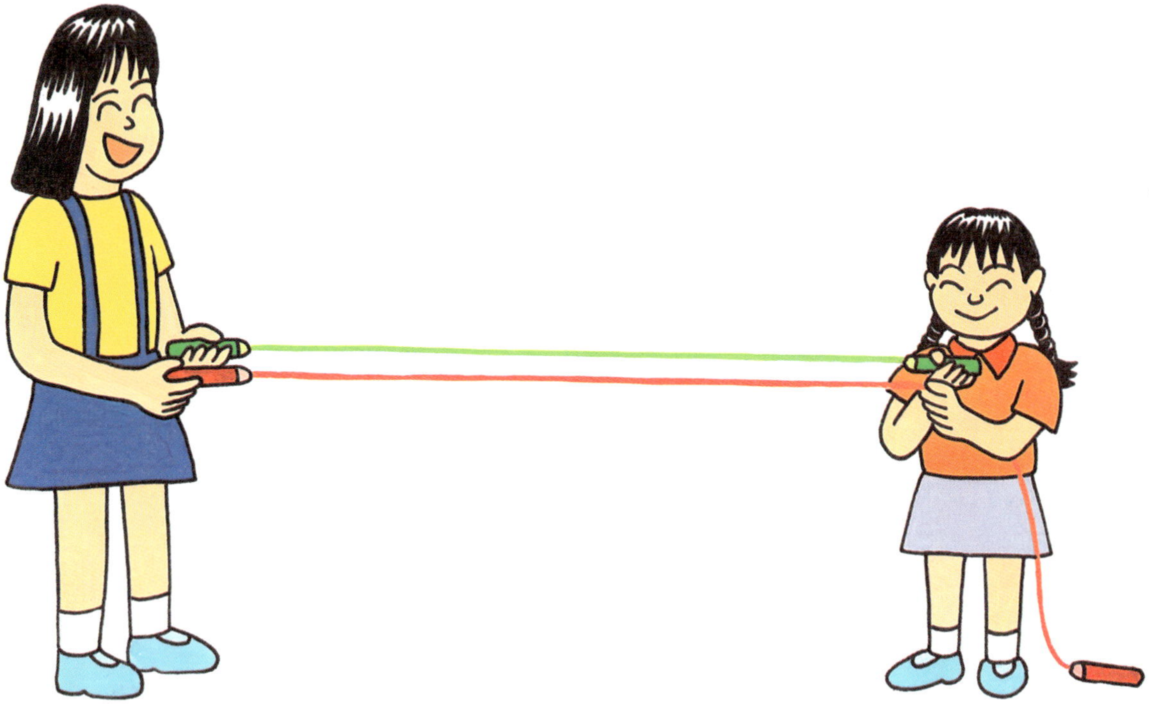

いろいろな遊びのなかから、「くらべる」という概念をわからせるようにしたい。

指導の展開

P15〜P31までは、P14までの1語文による意識から、多語文による意識への発達を考えて教材を提出してきた。つまり、ぞうを見て「大きい」という単語とともに理解した段階から「あのすいかより、このすいかが大きい」「あのケーキより、このケーキが小さい」という比較することを目標として構成している。

いうまでもなく「このすいかより・・・」という長いセンテンスが一人で表現できるものではないけれども、教師といっしょにこのような思考をしながら、考える力を育て、ことばを豊かに育てていきたいのである。もちろん、表現力のある子どもには、充分発表させてほめてやりたい。この本に即して指導しながら、教材はもっと豊かに用意して楽しく行動化できる授業をしたい。シーソー遊びをしながら「○○くんのほうが、○○くんのほうよりも軽い」などと言いながら授業をすすめていく。ときには、「○○くんのランドセルと○○くんのランドセルは、どっちが軽いかな」ときいて、「こっちよ」ではなくて多語文で上手に答えさせるようなことをゆっくりと指導するのもよい。

なかまは　どれかな

指導の展開

　この単元では「なかまあつめ」について学習する。数とは本来りんごが２個、象が３頭というように「物の集まりの大きさ」を表すもので、そのことをよく理解したうえで数のことばを学ばねばならない。その前提として同じなかまを集め、その集めたものを比べる（なかまくらべ）という生活体験を体得することが重要である。

　なかまであるものと、そうでないものを見わけるには「分析・総合」の力を必要とする。むずかしいことのようだが、日常生活のなかでは結構この考え方によって私たちは毎日生活している。子どもたちの「あとかたづけ」や「カード集め」も、なかま集めそのもので、子どもたちは数を数えることを知らなくても、多い―少ないはわかっている。友達に「ぼくのほうがたくさん持ってるぞ」と自慢している。このように、無意識のうちに「１対１対応」をして、数という抽象的思考を持つようになるのである。

どれと　どれが　おなじかな①

指導の展開

①「これは何だろう。角があるね。おっぱいもあるよ」「……そうだ、牛だね。牛は何となくかな」「……そうだ、モーだね」「ほらこれは何かな。これも牛かな。……そうだ、これは犬だね。犬は何となくかな」「……そうね、ワンワンだね」

②「先生が牛と言うから、牛を指さしてね」「牛！」「そうだ。みんなうまくできたね」「つぎは犬！」「そうだ。みんな、犬を指さしているね」。そして「モー・ワン」などという楽しい表現ですすめてもよい。

③「こんどは両方の手の指を出して、2ついっしょにおさえてね」と言って同じものを指さしさせる。

④P 35についても同じ方法で、「ボール」と言ったら「これとこれ」と2ついっしょに指さしをさせる。

動物のおもちゃなどを使って実際に手を動かしてやるのがよい。だんだんと抽象的なものにする。

どれと　どれが　おなじかな②

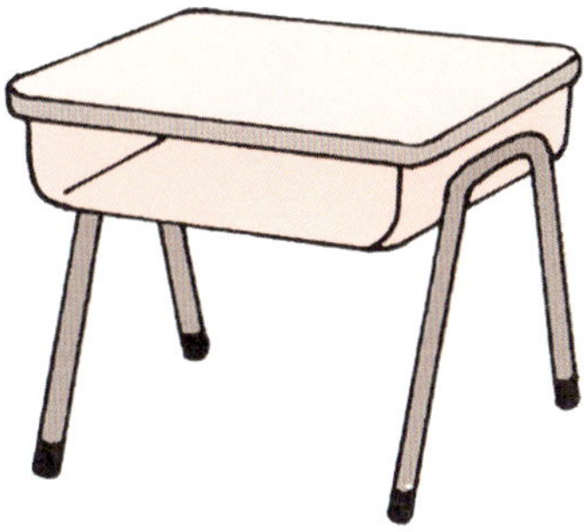

指導の展開

①「これはパンだね。これもパンだね。同じかな。ちがうかな」と言って話し合う。そして形はちがっていてもパンであることを共通に理解する。本も、椅子も机も、形はちがっていても、それぞれ同じであることを理解できるように話し合う。

②「さあ、先生がパンと言ったら両方の手の指で２つおさえてね」と言って１人ひとりにちゃんとおさえさせる。同様に「本をおさえて」と言っておさえさせ「つくえ」「いす」と言いながらおさえさせる。

③「パン、本、机、椅子」と言える子どもがいたら教師のかわりに言わせて、教師が子どもになって指でおさえる。まちがっておさえ、「先生ばつ」と言える子どもにしたい。

④ママごとのおもちゃなどを使ってやらせる。

はめて　みよう
ぴったり　あったかな？

指導の展開

①実際に教具でやらせてみる。同じ形のものを選ぶこと、同じ向きに入れることが大切である。子どもによってはかなりむずかしいが、やっているうちに、ぴったりとはまって「やったー！」と手をたたいて喜ぶ子どももいて楽しめる。

②人数分の教具で各自にやらせるほうがいい。用意できない場合には、かんたんな幼児用のジグゾーパズルを使う。集中力がどのくらいあるか注意し、限界だと思ったら無理にやらせないで後日また挑戦させるといい。

③このような教具があればよいが、ない場合は厚みのあるベニヤ板に型どりして、糸のこで切って作る（厚紙で作ってもいいが、入ったときぴったりはまった感じがしないと効果が出ない）。とっ手は付けたほうがいい。

めかくし　あそびを　しよう

指導の展開

①あらかじめ物を見せて触らせ、名前が言えることを確認しておく。何度か「えんぴつ」「ハンカチ」「本」「おりがみ」などと言わせてから遊ぶ。目かくしをされることをいやがる子どもには無理にやらせないで、しだいにやれるようになる日を待つ。

②子どもが知っているものを使って、初めに見せることをしないで当てさせる。思わず教えてしまう子どもがいたりするが、楽しく遊べるように工夫し、しだいにこの遊びのおもしろさやルールがわかって、楽しむことができるようにする。

③抽象的な図形（三角・四角・円）や立体（直方体・球）なども触らせる。具体物を抽象化することが大事なポイントになる算数では、このような触覚を重要視した遊びが役立つ。

④触覚で物の大きさが比べられることも大切である。

おなじ　なかまは　どれかな

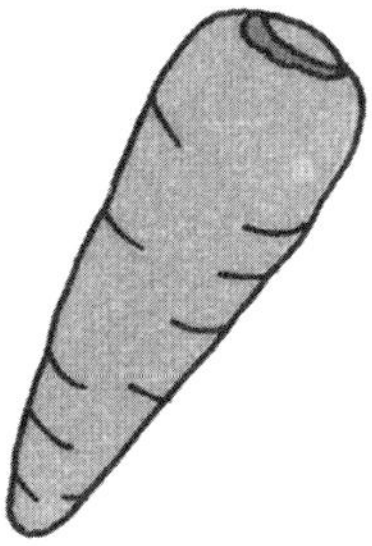

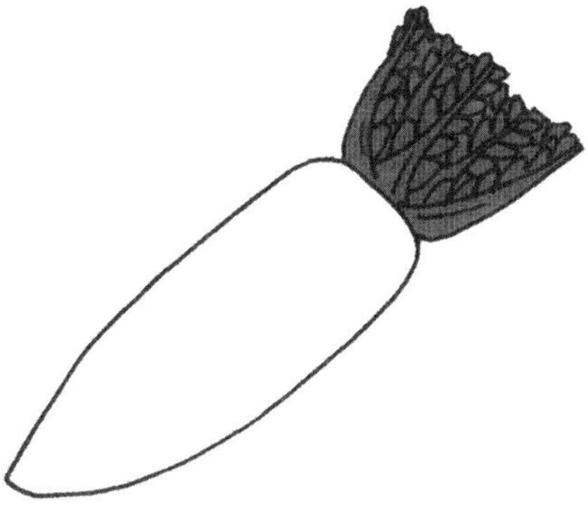

指導の展開

12の絵がある。それらを「動物、野菜、乗り物」の３種類に分類する学習である。

①最初に絵の１つひとつの名称をみんな言えるようにする。「しょうぼうじどうしゃ・きゅうきゅうしゃ」などは拗音の発音なのでかなりむずかしい。そこで「しょうぼう」でもいいし「ちゅうちゅうちゃ」と発音する子がいてもいいことにして楽しく学習を展開する。

③「とら、こわいね」「ライオン、おどってる」などと言いながら「なかま」ということばをたくさん使うようにする。「動物園にいるなかまだね」「八百屋のなかまだね」「乗り物のなかまだね」などと言いながら分類できるようにする。１人ひとりに３枚のお皿を用意して、12枚のコピーしたカードか、おもちゃを使って分類させるようにしたい。

どれと　どれが　おなじ？

指導の展開

①厚紙で三角と四角の形を作って用意しておく。そして、その教具を見せ「これは何だろうね。三角だよ。いっしょに言ってみよう」と言って「三角」ということばを教える。「こんどは何でしょう」と四角を見せながら「四角」ということばを教える。

②この三角と四角の形は教師が持っているだけでなく、子どもにも持たせたい。そして「三角は……」と言うと、三角形をとってやるようにする。「四角は……」と言うと、四角形をとって示すようにする。

③子どもを前に出して「三角」「四角」と言わせて、教師も子どもといっしょになって厚紙を出すような動作化を取り入れて展開したい。「三角は」と言って本の絵の２つの形の指さしもできるようにする。

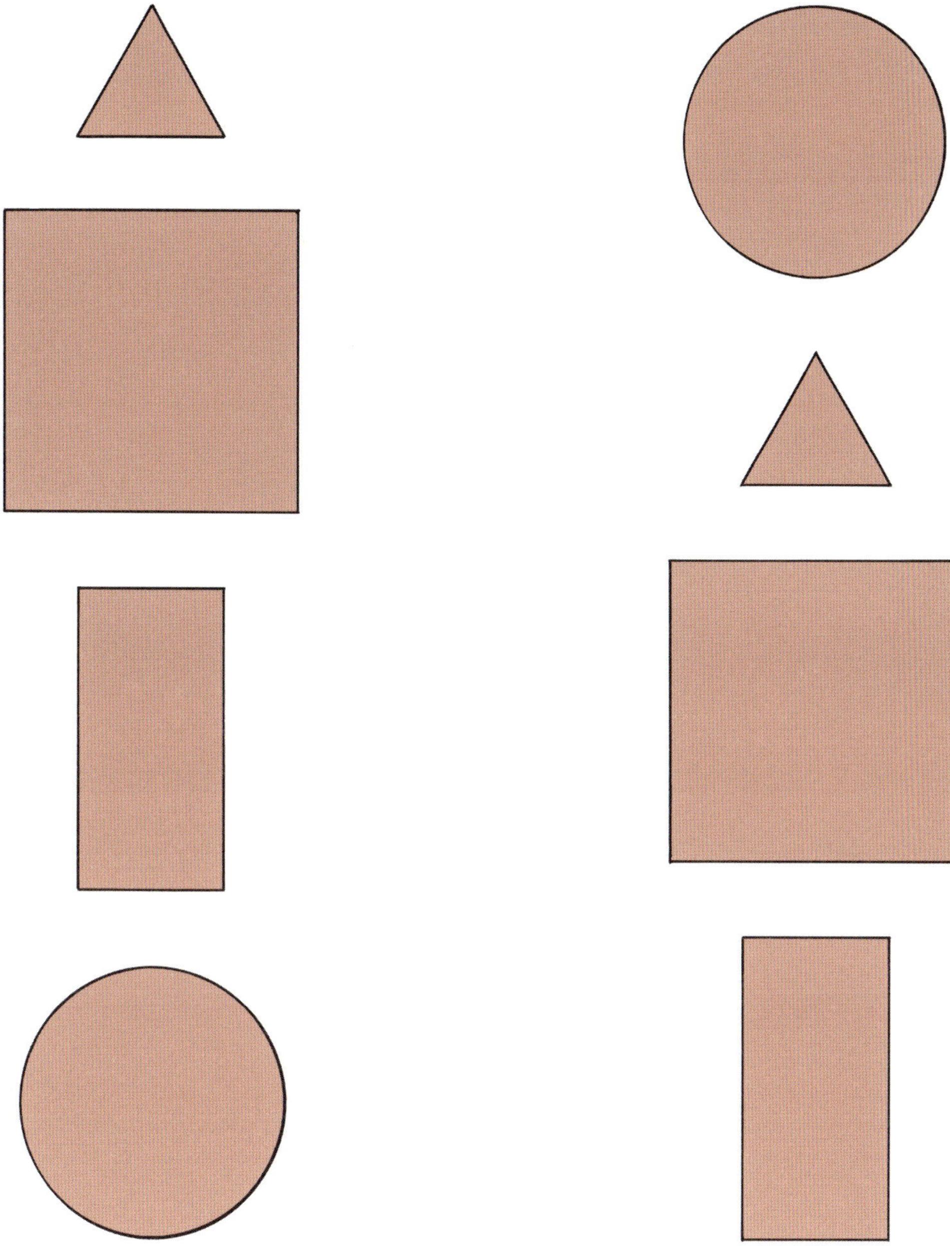

指導の展開

①P 44 と同様の扱い方をする。教材はきわめて抽象的であり物語性のまったくないものなので、動作化をとり入れた展開を大切にしたい。このページは新しく円と長方形を加えているが、名称は「まる」「なが四角」ということにする。

②子どもの1人ひとりの机のうえに8枚の図形をおいて、「まる」と言えば両手に「まる」を持ってかかげ「なが四角」と言えばそれをかかげることができるようにする。

③本をみながら「まる」「四角」と言いながら、左右の人差し指でその図をおさえることができるようにする。

④子どもを教室の前に出して教師にさせ「四角」「なが四角」「三角」などとはっきりした発音で言えるようにしたい。

いろを　ぬりましょう

○は　あか　　△は　あお　　□は　きいろ

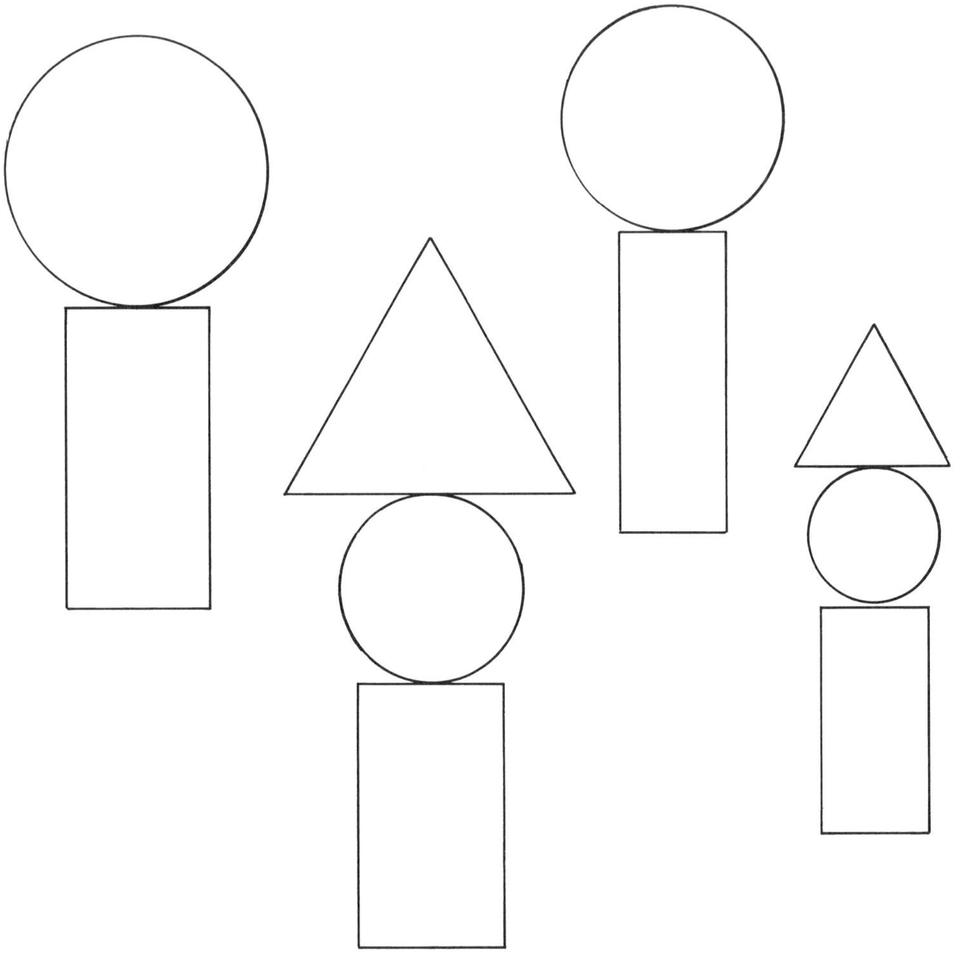

指導の展開

分析と総合の学習である。ここでは色をぬるので、色の名称（赤・青・黒・緑・黄色など）も同時に学習する。何枚もコピーしておいて色をぬらせる。

①円・三角・長方形の紙にそれぞれ「赤」「青」「黄色」の色をぬったものを見せて、色の名称を理解させ発音できるようにする。

②「まる」「三角」「なが四角」については既習教材であるから復習ふうに扱う。

③「まるは赤い」「三角は青い」「なが四角は黄色」と言える子どもには言わせる。言えない子どもには「まるは」と言ってやって「赤い」と言わせるようにする。

④最終的には「赤いまる」「青い三角」「黄色いなが四角」と自然に言えるようにしたい。

⑤色と形によって色の集合（形はどんな形でもよい）や形の集合（色はどんな色でもよい）ができるので、ゲームにするとおもしろい。

おなじ　かたちは　どれかな

おなじ　かたちの　ものに　おなじ　いろを
ぬりましょう

指導の展開

①Ｐ46の扱い方とほぼ同じように展開する。「まる・三角・四角・なが四角」は既習教材ではあるが、名まえをくりかえして学習する。４種類の色があるので、いろいろな色の名まえを理解させ、ぬるときは自由に色を選ばせるようにする。

②どれとどれが同じ形であるか確認させ、同じ形に同じ色をぬるということを理解させて自由にぬらせる。

③勝手にぬったものは、正しくないものがかなりある。そこで１つひとつについて、それがいいかどうかを話し合う。

④たくさんコピーしておいて、何枚もぬらせてしだいに正しくぬることができるようにしていく。ぬり方についても、線からはみ出さないように上手にぬることができるようにしていく。

なかまは　どれかな

指導の展開

①P48の絵を見せて「いっぱい絵があるね。何の絵があるかな」ときく。1つひとつ知っているものの名まえを言わせ、12種類がみんな言えるようにする。「すいせん」「コスモス」などは知らない子どもが多いので、教えて発音させる。発音できない子どもは、指さしで指導する。

②「すずめと同じなかまはどこにいるかな」「ぞうと同じなかまはどれかな」というふうに発問してなかまをさがさせ、名まえを言わせる。バスと船が「乗り物」としてまとめられない場合は、ていねいに話し合ってなっとくさせる。

③P49も同じように扱う。「ケーキ・シュークリーム・ナイフ・はさみ……」と名まえを言わせ、なかまをさがさせる。

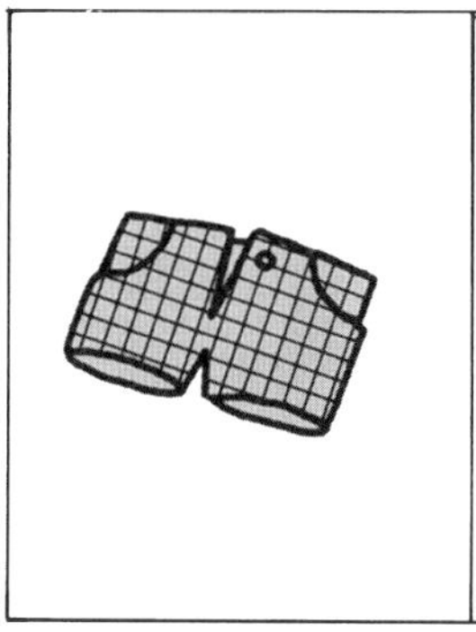

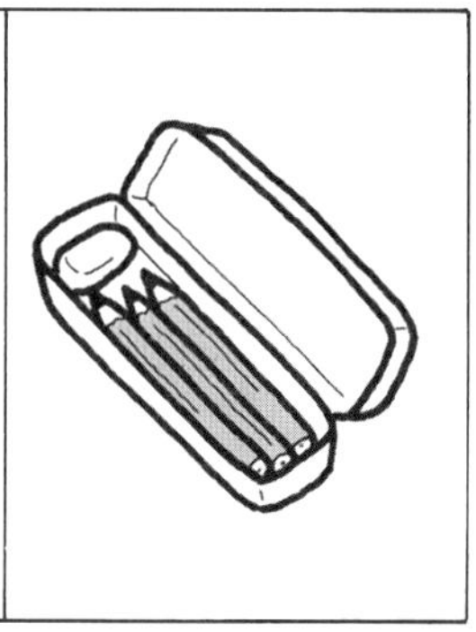

なかまの　ない　ものは　どれかな①

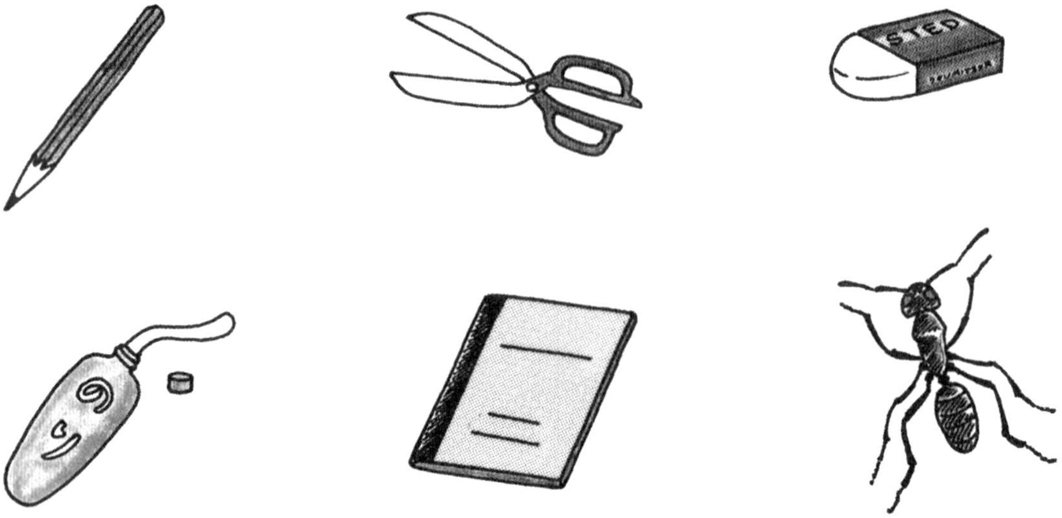

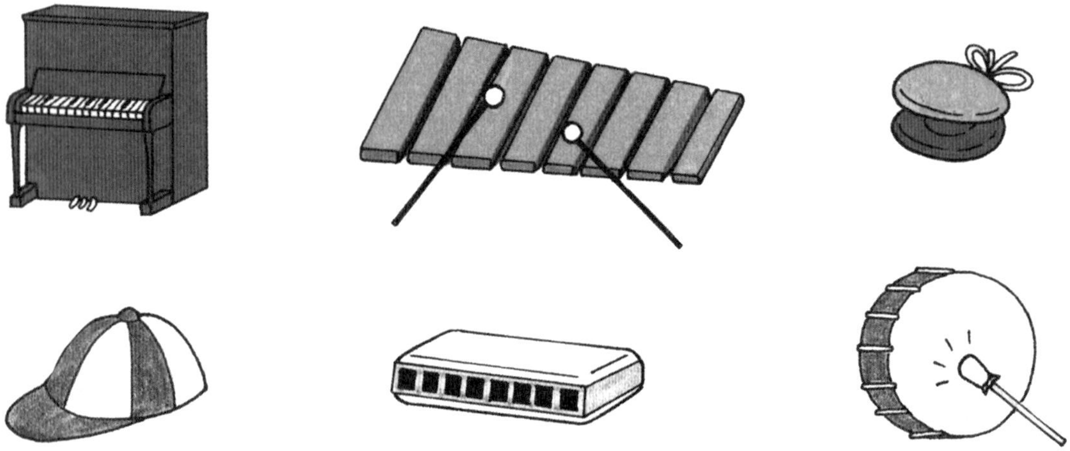

指導の展開

①P 50 の上段の 6 つの絵を見せて、名まえを言わせる。そして「このなかに、なかまのないものがいる。なかまのないのは、どれだろう」ときいて答えさせる。このとき、そのわけも考えさせる。たとえば「あり」という 1 人の子どもの答えで「そうね。じゃ、次のを見てみよう」などとすすめないで、「なぜありはなかまじゃないのかな。はさみはどうかな」と考えさせるようにする。

②同じようにして、中段、下段を扱いながらなかまでないわけを考えさせる。理由をはっきり言える子どもはいなくても、理由らしい話し合いになればよい。

③そして鳥も野菜も「なかま」になっている(「なかまのないものはない」)ということに気づかせる。

なかまの　ない　ものは　どれかな②

指導の展開

①P52 とP53 の絵を見ながら名まえを言わせる。「れんげそう、なのはな」は知らない子どももいるであろう。教えておぼえさせたい。できれば実物を見せてやるとよい。

②「なかまのないのは、どれかな」ときいて答えさせる。「自転車」という答えが出たら他の子どもにも考えさせる。1つひとつ指さししながら「ちがう…ちがう…」と言って、なのはなのところまでやらせるようにしたい。そして「自転車のなかまはない」ということを確認させる。

③「先生は自転車のなかまはあると思う。それはきりんだと思う。きりんにも乗れるかもしれない」などと言って、子どもにこの答えがまちがっていることを、いろいろな観点から表現させるようにもっていきたい。

どの　くみあわせが　いいかな

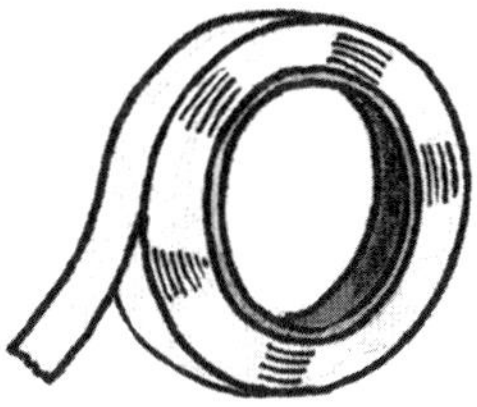

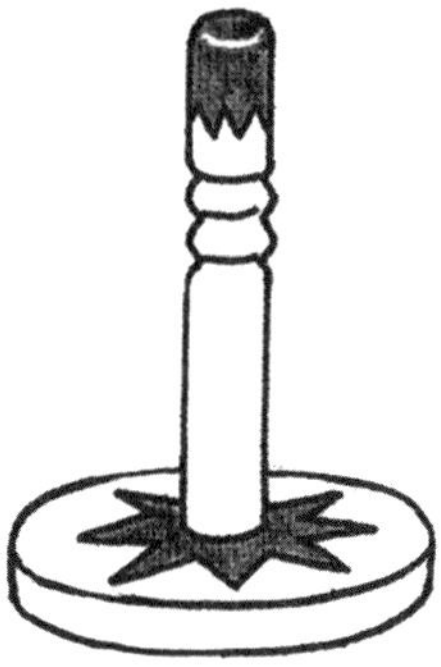

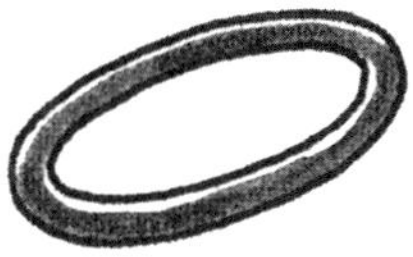

指導の展開

「1対1対応」の入門である。

①「いっぱい絵があるね。何の絵があるか言える人？」ときいて、知っているものを指さしながら「これは、えんぴつ」「これは、さいふ」などと言わせる。この場合「さいふって、なあに」ときいて「お金」ということばを引き出すようにする。

②右と左の絵を関係づけて話し合いながら、自然にそれぞれのかかわりを理解させる。

③このあと、あらためて「えんぴつとなかよしはどれかな」ときいて「えんぴつサック」と結びつける。花についても、お金についても同じように扱う。

④P55については「どれとどれがなかよしかな」ときいて、それぞれの子どもに答えさせて話し合う。

これ　だれの？

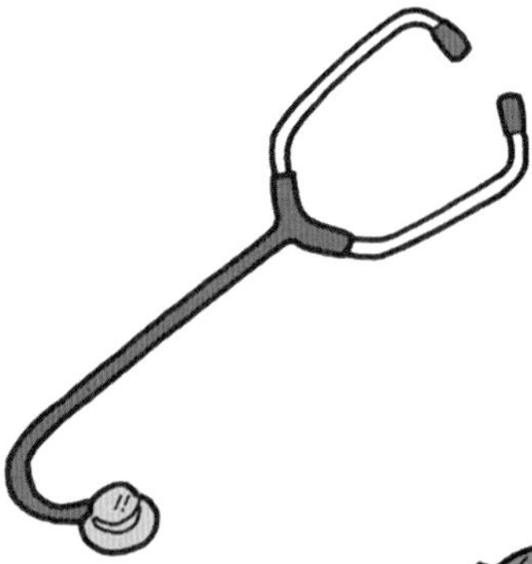

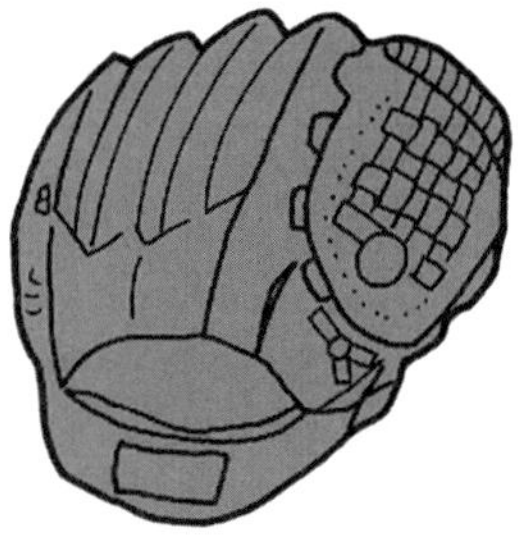

指導の展開

①見開き２ページをいっしょにして学習する。12個の絵について１つひとつ「これ、なんだろうね」と話しかけて、ゆっくりと話し合う。「これは、おまわりさんだねえ。おまわりさんて、何している人？　おまわりさんはどこにいるかな。何をもってるの」などと、それぞれの絵についていろいろな観点から話しあい、２つの絵のかかわりを考えるヒントを得させる。

②このあとで「パトカーはだれのかな」「グローブはだれのかな……」ときいて見つけさせる。フライパンと聴診器は少々むずかしいかもしれないが、①を豊かに展開することで理解させたい。

D
D

どこか　へんだよ

指導の展開

①「おもしろい絵だね……」と言って「どれがおもしろい？」ときく。子どもたちは「これがおもしろい」「これがおもしろい」とそれぞれちがうものを見つめる。「そうね。さむらいが、バットもってちゃんばらしているの、おもしろいね」と共感してやる。

②話しあいのなかで、おかしいぞと気づくようにする。このためには、下駄・靴・切手・切符・刀・バット・筆・マイク・くぎ・のこぎり・スプーン・えんぴつ、というような物の機能をよく理解させていかねばならない。この話し合いのなかから、はがきに切符をはっても出せないからおかしい、というような考え方が出てくるようにしたい。そして、あらためて「どこがなぜへんなのかな」と言って答えさせたい。

いろいろな遊びのなかから、異同弁別・分類などの思考力を身につけさせたい。

指導の展開

「なかまはどれかな」という学習は、まず分類することから始まる。そのもとは子どもの言葉でいえば、「おんなじ・おんなじ」という表現で表される。まったく同じ物を同じと言えなければならない。あたりまえのようだが幼児の段階や、基礎的な概念が未発達な子どもにとってはとてもむずかしい。そのことがわかると次は、まったくとはいえないが似ているもの、ある面から見れば同じ物を、同じとみなすことである。この「みなす」ことができるかどうかがキーポイントになる。

こうやってだんだんと「なかまあつめ」をしていく。しかし「なかま」という単語はかなり高度の内容をもっていて、上位概念や下位概念の意識がないとこの判断は充分成立しない。本の形も、机や椅子の形も、時計なども、じつにさまざまな姿をしている。しかしある面から見ればそれは同じ物なのだと決められる思考力を必要とするのである。こうして分類していくことをおぼえていく。物を分類することは「なかまあつめ」の基礎なのである。これらの考え方ができるためには、異同弁別、相似、対応などの構造的な認識を必要とする。それには、単語の意味の理解がまず必要であって、言葉の豊かさが思考力を確かなものにする。

そこで身近なものについての関心を持たせ、それを話題にしながら語彙を豊富にしていきたい。具体的には実際に行動させることによって学習するのがいいだろう。次のような整理をしてみるのもよい。さかな、くだもの、楽器、花、鳥、乗り物などと書いた大きな箱を用意して、身近にあるものをその箱のなかへ入れさせる。これはゲーム感覚的な要素もあるので子どもたちは喜ぶ。しかも独得な集合づくりをしてその子自身の認識度もわかり、指導方法の検討材料にもなる。

「なかまはどれかな」という学習の基本はこのような理解を持たせることであるが、ここには同類である条件や理由についての考えが内在化しているのである。それが、ぼんやりと頭のなかにイメージふうに内在しているあいだは思考はそれほど深まらないが、このことを表現するなかで思考力は深められ確かな成長をとげていく。「金魚は水のなかで泳いでいて、うさぎは水のなかで泳いだりしないから金魚とうさぎはなかまではありません」というような算数的な言語表現をすることは大切なことである。

そのほかに、上の插画に示したような授業も考えられる。「ゆう・ちゃん」(ソーミ)と教師がピアノをひいて歌い、子どもに「はい・はい」と手を上げたり、立ったりさせるようにする。そして「男の子」「はい・はい」、「スカートの子」「はい・はい」などと、立ったり座ったりする動作化で異同弁別力を伸ばす。曲も歌詞も子どもに合わせて自由に想像的に展開してほしい。

ゲームで　あそぼう！

指導の展開

子どもたちがいきいきと楽しく学んでいるかどうかは答案用紙をみるよりその表情をみたほうがよくわかる。子どもは正直だ。小さいときから「このみかんはいくつ？」「かぞえてごらん」などと質問攻めにあって「算数はしんどいものなのだ」と体でおぼえこんでしまっている子どもも少なくない。

そこでゲームを積極的に授業のなかにとりいれたらどうだろう。ゲームは楽しい。ルールさえわかってしまえば子どもはいきいきしてくる。表情も豊かになり、言葉も多くなる。たとえ言葉が不自由でも、多くの子どもたちと接することが楽しくなる。遊びのなかに学びがあり、学びのなかに遊ぶ豊かな心を育てたい。成長に応じていろいろルールを変えて、元気いっぱいの、授業の潤滑油としていろいろなゲームを考案してみたい。そして、いろんな遊びをしたいという意欲を喚起しよう。

じゃんけん　ぽん
あいこでしょ

指導の展開

じゃんけんができるようになると、楽しい遊びがたくさにやれるので、はやくじゃんけんができるようにしたい。

まず「ぐう」と「ぱあ」の出し方を練習する。この２つはわりあい簡単にできるようになるが、「はさみ」はむずかしい。１人ひとりの子どもの手をとって「はさみ」が出せるように指導したい。この３つが、さっと出せるようになったら、Ｐ63 の絵で「ぐう」は石、「ちょき」ははさみ、「ぱあ」は紙であることを話す。教師の３つの出し方で「ぐう、ちょき、ぱあ」と言わせたり「石、はさみ、紙」と言わせたりしてＰ64 、Ｐ65 を見せ、実際にやらせて「勝ち」「負け」が理解できるようにする。

ひとがハサミを出すと、グーを出していてもハサミに変えてしまうようなことがある。

てを　だして
つくって　みよう

どっちが　かった？

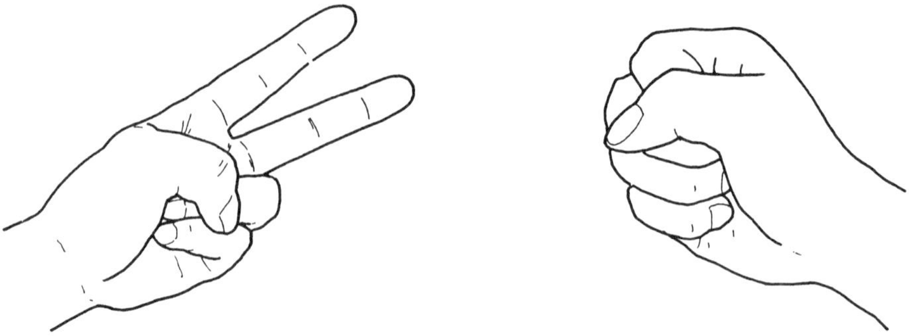

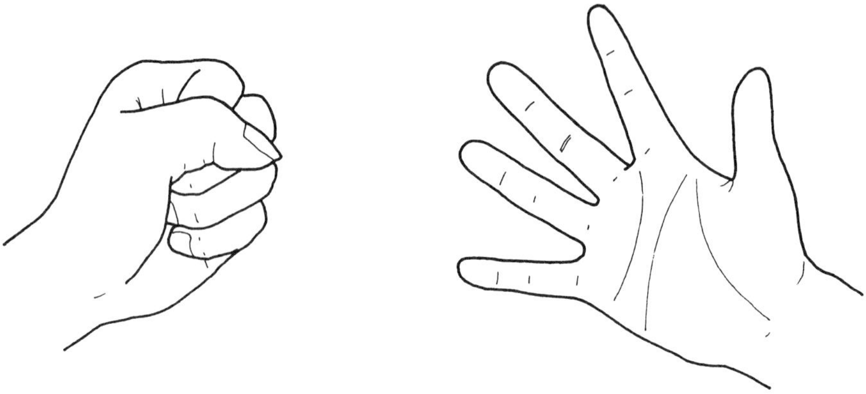

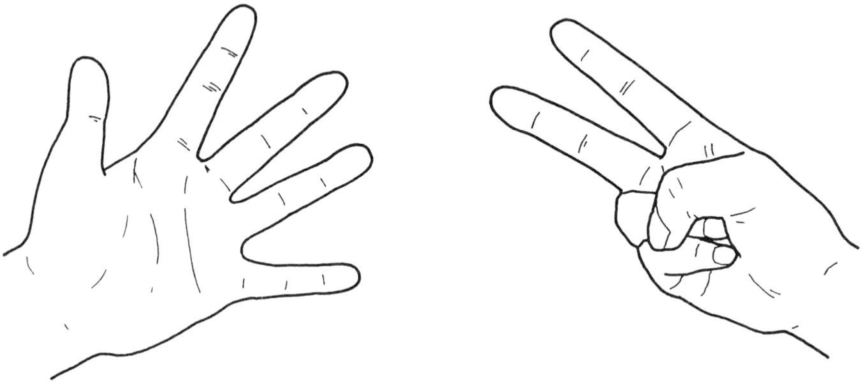

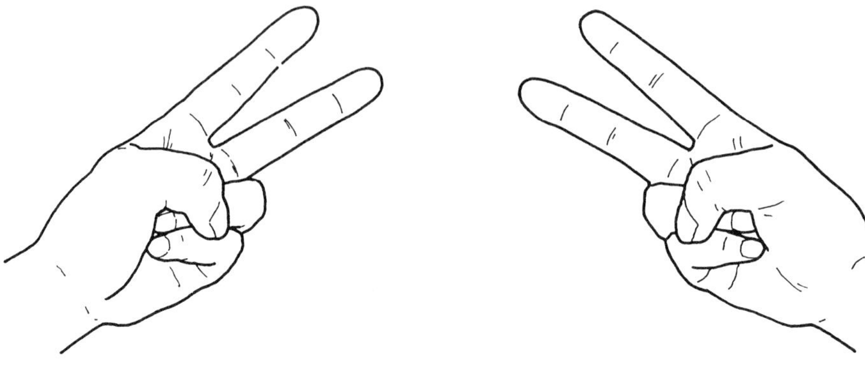

はさみは
いしを　きれないから
ぐー　の　かち

かみは
いしを　つつめるから
ぱー　の　かち

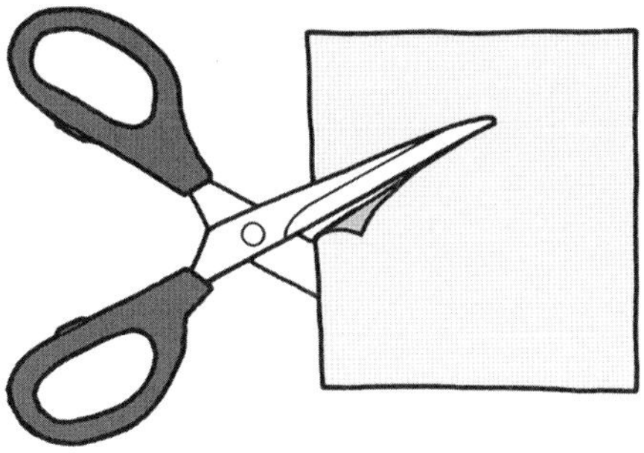

はさみは
かみを　きって　しまうから
ちょき　の　かち

あいこでしょ
もういちど　やりなおし

さいころ　じゃんけん

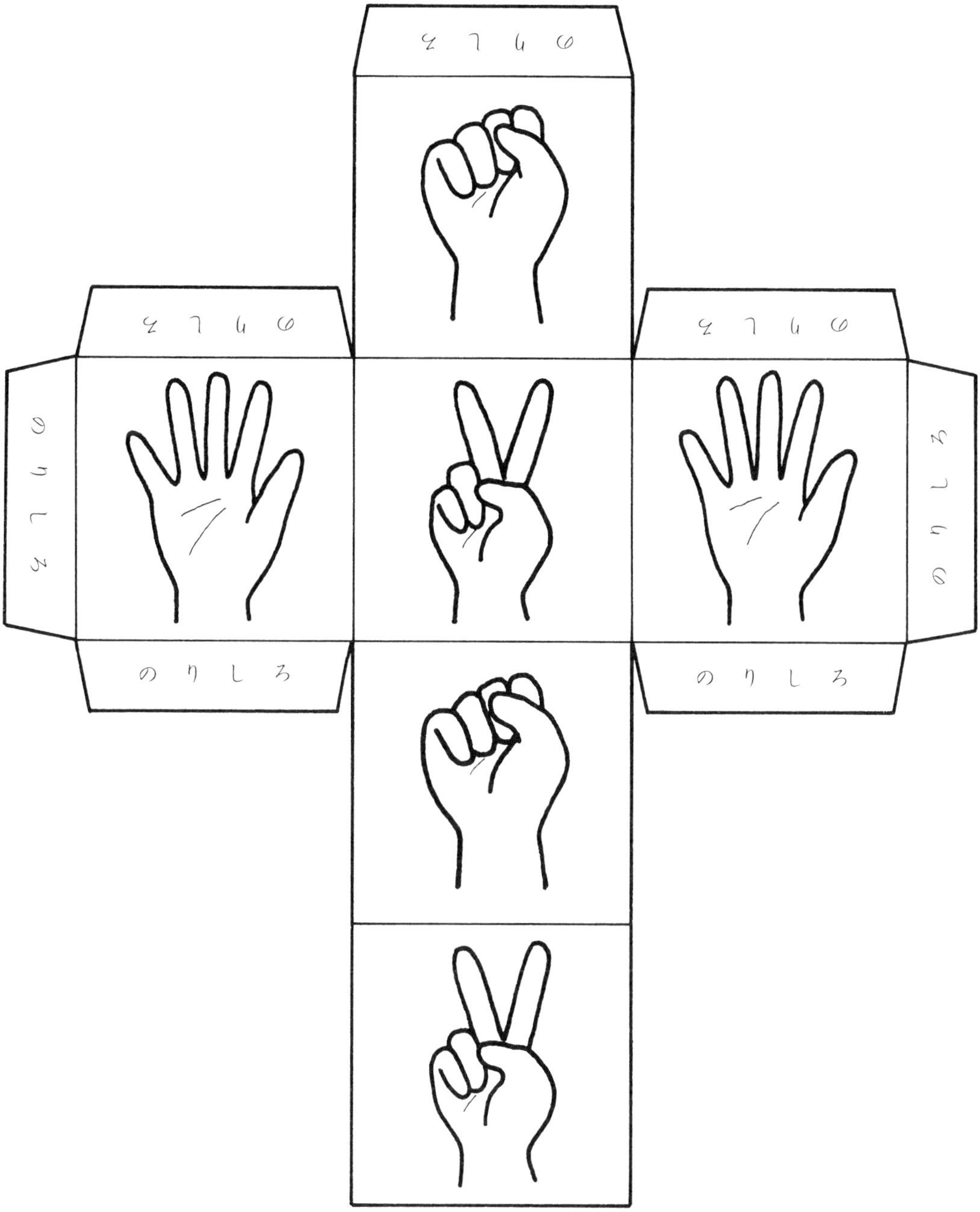

指導の展開

ぐう・ちょき・ぱあのどれを出しても自由であることが、かえって子どもたちのとまどいの原因になって、じゃんけんができない子や、指の形がうまくつくれない子もいる。そのためにじゃんけんさいころを使う。もちろん、できる子でもさいころを使ってゲームをしてもよい。

①絵を見てどんな遊びであるかを考えさせ、実際に作る。P67の展開図をコピーして、やや硬い紙に貼って作るとよい。はじめは大きめの（1辺10センチぐらい）ものがいいだろう。

②できあがったら、さいころじゃんけんをして遊ぶが、1人でやらせる時は、2つ用意して一方を赤くぬる。そして2つ振って、どちらが勝ったかを言わせる。

④最後はさいころのかわりに、手で勝負できるようにしたい。

じゃんけん　つみき

指導の展開

①最初にじゃんけんをして、それから交互に積んでいくのもいいが、1回ごとにじゃんけんをして負けたほうが積んでもよい。

②積むのは、絵のように自分のものを積んでいくのもいいが、1つの塔を2人で積むようにしてもよい（負けたものが積む）。

③2人だけで遊ぶのではなく、3人でも4人でも遊べる。

④積み方は1個ずつ高くするのではなく、はじめに2個おいて、橋を作ってから高くしたり、ななめになるようにおいたりして、立体的な構造を楽しみながら、倒れないように上手に積む遊びに発展させたい。他に、「じゃんけんおにごっこ」（勝ち負けによって鬼が変わっておもしろい）や、いろいろなゲームを楽しむといい。

いすとり　ゲーム

指導の展開

①いすとりゲームをしたことのある子どもたちなら、すぐに理解できるけれども、やったことのない子どもたちには、この遊び方について、よく説明しなければならない。ピアノの大きな音がして止まったとき椅子に着くけれども、１人だけいつも椅子が足りないので、はやく椅子に着かなければならないということを理解させる。

②実際にやってから、別な時間におもちゃの人形とイスを用意して、このゲームを「ごっこ」としてやらせ、あとで机のうえに人形とイスをおいて１対１対応をやってみせたい。

③この遊びは、楽しんで何回もやるようであれば続けていいが、45分の学習にはやはり、ハンカチおとしや、じゃんけんゲームで長い列をつくるような遊びもとり入れたい。

わなげ

指導の展開

①わなげの遊び方は、ポールをまん中においてまわりに輪を持って立ち、１人ずつ順々に入れていく方法や、１列にならんで、先頭の子どもが５つほど投げて、入った数をたしかめ、順番につぎつぎ１人ずつ投げていく方法や、１人が一定の数を投げていく方法など、いろいろある。

この絵では順番に並んで１人が一定の数を投げていくようにしている。そして、いくつ入ったかを競うことでゲームをすすめていくようにする。

②１人が一定の数を投げ、あるこどもは３つ、あるこどもは１つ入ったとしたら、黒板に実際の輪をセロテープでとめて、「どっちが多いかな」とやり、１対１対応で「○○くんの勝ち」と勝者を決める。

たまいれ

指導の展開

①玉入れ競技はたいてい運動会の種目にあるので、やり方や勝ち負けの決め方などについて理解させておきたい。この理解がないと、子どもたちは玉入れをやらせられているだけで、主体的に楽しんでいることにはならない。

②最後には「多い」「少ない」がわからなければならないが、まだ数は学習していないので、別の方法でやる。まず「どっちがたくさん入っていたかな？」ときいて、子どもたちに目分量で勝手に言わせ、そのあとで同時に両方の玉を放り投げ、1対1対応を利用して「◯◯があまったから◯◯の勝ち」というように教師が説明する。

③低学年や中学年はかごを低くする。よく入れられない子どもが多いので、十分けいこさせて、技能が身につくようにさせていきたい。

カード　あわせ

指導の展開

①この遊びは「しんけいすいじゃく」であるが、同じ物をおぼえていたり、見つけたりすることで、合ったことを喜ぶ遊びであり、たくさん取ったことを喜ぶゲームである。

②はじめは10枚以内のカードで遊びながら、楽しんで遊べるようになったら、しだいに数を多くしていきたい。

③絵はコピーしたもので形も色も同じように作る。そのうちに、さいころの黒い丸印のものや、トランプの数の少ないものでもやれるようにしたい。円形・三角形・四角形・長方形・だ円形・ひし形などの数学的なカードを作ることもよい。

トランプによる遊びは、子どもの発達状況に応じてさまざまなゲームができるので、これからも大いに利用したい教材である。